D1822345

साथ जुड़ें साथ पढ़ें

मृत्यु

कविताएँ

अरुण देव

मृत्यु

कविताएँ

राजकमल पेपरबैक्स

राजकमल पेपरबैक्स में
पहला संस्करण : 2025

राजकमल पेपरबैक्स : उत्कृष्ट साहित्य के जनसुलभ संस्करण

राजकमल प्रकाशन प्रा. लि.
1-बी, नेताजी सुभाष मार्ग, दरियागंज
नई दिल्ली-110 002
द्वारा प्रकाशित

शाखाएँ : अशोक राजपथ, साइंस कॉलेज के सामने, पटना-800 006
पहली मंजिल, दरबारी बिल्डिंग, महात्मा गांधी मार्ग, प्रयागराज-211 001
1, अनमोल सोराबजी सन्तुक लेन, धोबी तलाव, मरीन लाइंस, मुम्बई-400 002
वेबसाइट : www.rajkamalprakashan.com
ई-मेल : info@rajkamalprakashan.com

यश प्रिंटोग्राफिक्स
नोएडा-201 301
द्वारा मुद्रित

मूल्य : ₹250

MRITYU : KAVITAYEIN
Poetry by Arun Dev

ISBN : 978-93-6086-941-0

पिता के लिए

क्रम

प्राक्कथन

मृत्यु पर अरुण देव की कविताएँ पढ़ते हुए लगता है कि जीवन और मृत्यु के बीच कितना कम फ़ासला है। एक बारीक रेखा है। इस पार जीवन है, उस पार मृत्यु। जीवन जैसे गिरने-गिरने को एक पत्ते का अटके रहना है। अटके रहने और टपकने के बीच का अन्तराल जीवन है।

महाभारत के अनुशासन पर्व में मृत्यु के बारे में एक करुण कथा है। ब्रह्मा ने देखा कि संसार में जीव-जन्तुओं और वनस्पतियों की तादाद बेतहाशा बढ़ती जा रही है। वे चिन्तित हो गए, यदि स्थावर, जंगम, सारा संसार ऐसे ही बढ़ता रहा तो क्या होगा—तब उन्होंने मृत्यु की सृष्टि की और उससे कहा—जाओ, प्राणियों के जीवन का अन्त करो। मृत्यु ब्रह्मा का यह आदेश सुनकर डर गई, विकल होकर उसने कहा—ऐसा मत करिए, मुझे ऐसे क्रूर कर्म में मत लगाइए। मैं लोगों का जीवन छीनने का जघन्य कृत्य नहीं करना चाहती।

ब्रह्मा ने मृत्यु को समझाया। जो उन्होंने कहा उसका सार यही है कि मृत्यु उतनी ही आवश्यक है जितना जीवन। अमरता एक अभिशाप हो जाती है, मृत्यु वरदान। अरुण देव कहते हैं—

देह बिलखती है मृत्यु के लिए

जीवन और मृत्यु में बहुत नाज़ुक और महीन फ़ासला एक स्तर पर है। यह स्तर व्यवहार का स्तर है। परमार्थ के स्तर पर दोनों में ज़मीन-आसमान का फ़ासला है। जीवन क्षणभंगुर है, मृत्यु शाश्वत और चिरन्तन। जीवन में मृत्यु भिदी हुई है, पर जीवन से अलग मृत्यु एक शाश्वत सत्य है। इसलिए मृत्यु की मृत्यु नहीं हो सकती।

मृत्यु ने बिलखते हुए ब्रह्मा से यही पूछा था कि जब आपने सबकी मृत्यु का विधान किया है तो मेरी मृत्यु का विधान क्यों नहीं किया? अरुण देव इस संग्रह की सोलहवीं कविता में कहते हैं—

जब मृत्यु की भी मृत्यु हो जाएगी
जीवन क्या करेगा?

मृत्यु अभिशाप है, जीवन वरदान। जीवन भी वरदान तभी तक है जब तक मृत्यु का अभिशाप उसके साथ जुड़ा हुआ है। मृत्यु है तो अभिशाप वरदान बन जाता है, नहीं तो वरदान अभिशाप बन सकता है।

कालिदास ने इसे दूसरे शब्दों में कहा कि मरण प्रकृति है, जीवन विकृति। विकृति के यहाँ दो अभिप्राय हैं। विकृति या विकार शब्द प्रकृति के कार्य के लिए आता है। प्रकृति मूल है, विकृति उससे जन्मा हुआ उसका उत्पाद। मृत्यु प्रकृति है, संसार उसकी विकृति।

संसार में सब कुछ नश्वर है, अविनश्वर है केवल मृत्यु। यदि मृत्यु की भी मृत्यु हो जाएगी तो जीवन एक यातना बनकर रह जाएगा। इस संग्रह की सत्ताईसवीं कविता में अरुण देव देह की यातना की बात करते हैं—

अन्त की ओर मुख किये
अशक्त देह

मुक्त हुई यातना से।

ये कविताएँ जीवन और मृत्यु को पुनः परिभाषित करती हुईं दोनों की रहस्यात्मकता के बारे में अनसुलझे प्रश्न छोड़ जाती हैं। सुलझाने में कविता नहीं बनती। पर वह उलझन के बारे में समझ ज़रूर देती है। इससे बढ़कर वह हमें अमृतत्व का अनुभव देती है। अमृतत्व निर्भय होने में है। निर्भय होने पर मृत्यु अनन्त का अनुभव बन जाती है—

इस कुएँ से रस्सी के सहारे
मैं बाहर निकला

जिसे लटका रखा था मृत्यु ने।

जीवन के बिना मृत्यु नहीं और मृत्यु के बिना जीवन नहीं। दोनों में अन्योन्याभिव अन्योन्यजनन मिथुनवृत्ति सम्बन्ध है। बोरिस पास्तरनाक अपने नायक को इसी अनुभव में ले जाते हैं—

> पहले की अपेक्षा अब वह और भी विशद रूप में यह महसूस करने लगा था कि कला में दो तरह का कथ्य होता है, उसका पर्यवसान जुड़वाँ चिन्ताओं में होता है। वह मृत्यु का भी ध्यान करती है, और उसके माध्यम से वह हमेशा जीवन की रचना करती चलती है।
>
> (डॉ. ज़िवागो)

अथर्ववेद में काल पर दो सूक्त हैं। पहले सूक्त के पहले ही मंत्र में कहा गया है कि काल का सात लगामों वाला प्रचंड तेज वाला घोड़ा सरपट भाग रहा है, वह सहस्राक्ष, अजर है। सारे भुवन या ब्रह्मांड उस रथ के पहिये हैं। कवि और विद्वान् उस पर सवार हो सकते हैं।

कालो अश्वो वहति सप्तरश्मिः
सहस्राक्षो ह्यजिरो भूरिरेताः।
तमारोहन्ति कवयो विपश्चित-
स्तस्य चक्रा भुवनानि विशअवा॥

(अथर्ववेद 19.53.1)

वेद के ऋषि का अभिप्राय यह लगता है कि सामान्य जन मृत्यु से डरते हैं—कवि और ज्ञानी जन मृत्यु का वरण कर पाते हैं, इसलिए मृत्यु का भय उन्हें नहीं व्यापता।

सामान्यतया हम लोग मृत्यु से ही नहीं, बुढ़ापे से भी घबराते हैं। इसलिए बुढ़ापा आ जाने के बाद अनेक लोग यौवन का भ्रम पाले रहते हैं, युवक बने रहने और युवक दिखने की हास्यास्पद चेष्टा करते हैं।

मृत्यु एक सहज स्थिति है, बुढ़ापा भी। वेदों के ऋषि बूढ़े होने की कामना करते हैं, क्योंकि वे काल को अतिक्रान्त कर सौन्दर्य और आनन्द का सन्धान करना जानते हैं। वे कहते हैं कि यह धरती माँ अपने अंक में इसी तरह हमें धारे हुए बूढ़ा बना दे—

जरदृष्टिं पृथिवी नः कृणोतु।

मृत्यु का निर्भय होकर सामना करना ही अमर होना है। कवि निर्भय होकर वृद्धावस्था और मृत्यु का वरण करता है। वेद के एक मंत्र को महामृत्युंजय मंत्र कहा गया है। इस मंत्र में ऋषि कहता है—जैसे पकी चिभड़ी लता के बन्धन से छूट जाती है, उसी तरह मैं मृत्यु के बन्धन से छूट जाऊँ। जीवन पकी चिभड़ी है, वह संसार की लता से चिपटी हुई है। पकते-पकते चिभड़ी महकती है, फूट पड़ने को होती है। इसीलिए मालवा में हम लोग उसे फूट भी कहते हैं। फूट पड़ने के बाद चिभड़ी का जीवन की बेल से अलग हो जाना,

अपने आप को अनन्त के लिए अर्पित कर देना ही उसका अमर होना है। चिभड़ी की काया विलीन हो जाती है। उसका स्वाद और रस बना रहता है।

अरुण देव मृत्यु पर अपनी एक कविता में अज्ञेय को याद करते हैं। वे समय की विभीषिका की और युद्धोन्माद की बात भी इन कविताओं में करते हैं। फिर कहते हैं ऐसे समय में अज्ञेय भी हुए और यह कवि भी हुआ। यह कुन्तक के शब्दों में सर्वनामवक्रता है। आनन्दवर्धन के अनुसार यह पदप्रकाश्य ध्वनि है। कवि के पहले लगा हुआ सर्वनाम 'यह' वर्तमान की सारी क्षणभंगुरता के साथ अमरता का अजर गान बन जाता है। 'अपने अपने अजनबी' में सेल्मा कहती है—

> शायद मृत्यु का ही सहारा है। वह है—बिलकुल पास है, सामने खड़ी है, लगता है कि हाथ बढ़ाकर उसे छू सकती हूँ, और यह कहने में और इसमें क्या फ़र्क़ है कि हाथ बढ़ाकर उसका सहारा ले सकती हूँ।

वैदिक ऋषि का मृत्यु के बन्धन से मुक्ति चाहना और सेल्मा का हाथ बढ़ाकर मृत्यु को छू सकना और मृत्यु का सहारा पा लेना, दोनों में कितना साम्य है!

> क्या यह माना जाए कि मृत्यु के भय का नकार ही अमरता है और जीवन अमरता में है। मरण का वरण जीवन हो जाता है, मरण से पलायन

> मरना। मरण के स्वीकार में परा भी मिलती है और अपरा भी, जो मृत्यु के पार अमृतपद तक ले जाती है। सुकृत का सच्चा पानी वहाँ है। वही रस है, जिससे सिंचकर जगत् हरा-भरा रहता है, और यह हरियाली भी उसी के देखने के लिए है, जिसने मरण का वरण किया, क्योंकि उसने परा और अपरा दोनों को साध लिया है।
>
> (निराला)

मृत्यु कितनी अप्रत्याशित है, कितनी कौतुकमयी, कितनी आहत कर देने वाली, चकित और स्तब्ध कर देने वाली वस्तु है! यही मृत्यु का सौन्दर्य है। सृष्टि के अनन्त सौन्दर्य के बीच भी मृत्यु सामने खड़ी दिखती है। इन कविताओं में अनजाने मृत्युसूक्त की भावना संक्रान्त हो गई है। सम्बन्धों के ताने-बाने, राग-द्वेष और राग-विराग ये इन कविताओं में सिमटकर जुड़ते जाते हैं और मृत्यु तथा जीवन के साहचर्य का वृत्त बड़ा बनाते जाते हैं।

भास के 'स्वप्नवासवदत्तम्' नाटक में उदयन कथित रूप से दिवंगत हो गई अपनी प्राणप्रिया वासवदत्ता को भूल नहीं पाते। विदूषक उन्हें समझाता हुआ कहता है कि संसार ऐसा ही है। उदयन कहते हैं—मित्र, तुम मेरी हालत नहीं समझ पा रहे हो। बद्धमूल प्रेम की जड़ उखाड़ फेंकना असम्भव है, अपने प्रिय को याद कर-कर के दुख हरा होता रहता है। मेरी यात्रा लोकयात्रा से अलग है, लोकयात्रा तो

यही है कि किसी के मरने पर रो-धो लिये, फिर जी हलका हो जाता है। क्या प्रेम मृत्यु के लिए चुनौती है? भास यह भी कहते हैं—वह व्यक्ति मरा ही नहीं है, जिसके अपने उसे याद करते रहते हैं। अरुण देव तेईसवीं कविता में कहते हैं—

अनुपस्थिति को ढक लेते हैं झरते हुए पुष्प।

वैशेषिक दर्शन में अभाव एक पदार्थ माना गया है। किताब टेबल पर रखी थी। यह पुस्तक का भाव या सकारात्मक उपस्थिति है। किताब टेबल से हटा ली गई, तो टेबुल पर क्या है? टेबुल पर पुस्तक का अभाव है। अभाव दिखता है अनुभूत होता है। वह एक स्वतंत्र पदार्थ है। जो व्यक्ति हमें छोड़ गया है उसका अभाव हमारे बीच है। वैशेषिक दर्शन का पदार्थवाद प्रेम के संसार में मृत्यु की काट बन जाता है, मृत्यु महाविदा है। आत्मा का परमात्मा से मिलन। कबीर अपने गीत—*दुलहिन गावहु मंगलचार* में इसी रूपक को बुनते हैं। अरुण देव की मृत्युपरक कविताओं में समय की विभीषिका उसी तरह विकराल मुँह बाये हमारे सामने खड़ी है, जिस तरह हमारे रोज़मर्रा के जीवन में मृत्यु का भय पल-पल हमें मारता सामने खड़ा होता है।

कविता मृत्यु का सामना करने के लिए हमें कवच पहना देती है। वेद तथा वेदों के भाष्यकार सायण छन्द का यही अर्थ बताते हैं। हमारे समय की तमाम उलझनों के बीच कविता का एक कवच तैयार करते हुए अरुण देव उस भावभूमि की

थैंया छू लेते हैं जिस पर पहुँचकर ऋग्वेद के कवि मृत्युसूक्त में कहते हैं—

हे अग्नि, जब तुम इसे जलाओ
तो झुलसाकर सताना मत
इसे छिटकाना और छितराना मत
इसे पका-भर देना
फिर इसे पितरों के निकट पहुँचा देना।

हे मृतक, तुम्हारे ये नयन
अब सूर्य में समा रहे हैं
तुम्हारी आत्मा
समा रही है
हवा में
और तुम स्वयं अपना धर्म अपने साथ लिये
द्युलोक में पहुँचो, पानी में या पृथ्वी पर
जो तुम्हारे लिए अच्छा हो
या फिर नये रूप लेकर
फिर से उगो—
पौधों में और वनस्पतियों में।

हे मृतक, तुम्हारा एक हिस्सा
जन्म-मरण से परे है
उसे तुम अपने तप से आलोकित किये रहना

अग्नि की ज्वालाएँ उसे निखार दें
हे अग्नि, तुम अपनी उज्ज्वल ज्वालाओं से
इसको ऊपर तक पहुँचाना

यदि कोई काला पक्षी
गड़ा गया हो इस पर चोंच अपनी
यदि कहीं इसे काट लिया हो चींटियों ने
यदि इसे सियार कहीं पर नोच ले गया हो
तो यह अग्नि इसकी काया के ये सारे घाव पूर दे।

कविता अमरता का गान न भी हो सके तो मृत्यु की चुनौती से जूझने का सम्बल तो हो ही सकती है, जो कि अरुण देव के इस संकलन की कविताएँ हैं।

—राधावल्लभ त्रिपाठी

मृत्यु का अभिवादन

मृत्यु ही है जो अजर, अमर, अपरिहार्य और सर्वव्यापी है। राख से अस्थियाँ चुनने को फूल चुनना कहते हैं। ये कविताएँ फूल की तरह अपनी पंखुरियों में पूर्ण हों ऐसा सोचता रहा। एक तरह से यह संग्रह मृत्यु का अभिवादन है।

2021 से ही 'मृत्यु' शीर्षक कविताएँ प्रकाशित होने लगी थीं और उन्होंने ध्यान खींचा। यहाँ तक आते-आते वे बदल-सी गई हैं। इसे 'मृत्यु को उदात्त बना देने के नए प्रस्थान' की तरह देखा गया। इस संग्रह को बनते हुए कुमार अम्बुज ने नज़दीक से देखा है। गगन गिल ने सुझाव दिये। रसज्ञ और मर्मज्ञ राधावल्लभ त्रिपाठी ने प्रस्तावना लिखकर इसे भारतीय परम्परा से जोड़ दिया है। अरुण कमल, हरीश त्रिवेदी और ख़ालिद जावेद के स्नेह का कोई प्रति-उत्तर नहीं है मेरे पास।

राजकमल प्रकाशन की कल्पनाशील सम्पादकीय

टीम के उत्साह से ही यह संग्रह सामने आ सका है। अशोक महेश्वरी के प्रति आभार व्यक्त करता हूँ। घर-परिवार-मित्र कौतुक से इसे देखते रहे, यह उन्हें ही समर्पित है। बड़े पाठक-वर्ग तक ये कविताएँ पहुँचेंगी ऐसी उम्मीद करता हूँ।

—अरुण देव

1

अन्त है
अन्ततः है
अन्तिम है

आश्वस्ति है।

2

नाव लहरों को जानती है
लहरें नदी को
नदी तट को
तट नाविक को
नाविक यात्रियों को

दुर्गम
दीर्घ
और जोख़िम भरी यात्राओं में
कहाँ चले जाते हैं लोग?

इस यात्रा को कौन जानता है?

3

आकाश भरा था तारों से
लहरों पर फिसल रहा था चाँद
बह रही थी धीरे-धीरे हवा

अन्त के छोर पर
नदी किनारे अग्नि धधक रही थी।

4

उड़ गए हैं रंग
जीर्ण हो गया है वस्त्र
बिखरने लगे हैं सूत

इस पर अब कोई रंग चढ़ना मुश्किल है
रंगरेज़ कहता है

टूटती गाँठें देख
फेर ली है पीठ रफ़ूगर ने।

5

मुझे धरती पर लिटा दो
तृण मेरी शय्या है
उत्तर मेरा सिरहाना

आग से ढँक देना
मुझे बहा ले जाएगी उतरती हुई नदी।

6

पूर्णिमा का फूल खिला है
उजास की चुप्पी है

भोर होते ही इसकी पंखुरियाँ झर जाएँगी।

7

डूब जाएँगी दिशाएँ
पथ खो जाएँगे

अनन्त के अबूझ पथ पर
यात्रा के लिए निकल पड़ा है यात्री
ख़ाली हाथ

सहयात्री उसका कोई नहीं।

8

फूल झुक जाते हैं
रंग उड़ जाता है
टपक जाते हैं फल

बीज रह जाता है।

9

अग्नि खा जाएगी
पी जाएगी नदी
हवा ले जाएगी अपने साथ
मिट्टी मिला देगी मिट्टी में उसे।

10

मृत्यु से पहले
मृत्यु के डर से
मर जाते हैं लोग

मरे हुए लोगों के पास नहीं जाती वह।

11

जिसे वह हर ले गई
चींटियाँ कुतर देती हैं।

12

मेरी माँ से बच्चे की तरह
भूल-ग़लती की माफ़ी माँगने के बाद पिता ने कहा
अच्छा अब मैं चलता हूँ

और चले गए
मृत्यु की उँगली पकड़कर।

13

अन्त प्राप्त हो वृक्षों को
पशु-पक्षियों को
कीट-पतंगों को
मनुष्यों को

गिर चुका है ईश्वर की अमरता का जीर्ण पत्ता
प्रार्थनाओं से जा चुका वह कब का।

14

मन बोझ उतारता है
भीतर उतरता है

मुँदती आँखों से अटपटे अक्षरों में
बुदबुदाता है जीवन
रेत में ढँक जाने से पहले

इसे कौन सुनेगा।

15

ज्योति धुँधली हुई
टूटी हुई हैं ध्वनियाँ
स्मृति मन्द पड़ गई है

हाथ उठते हैं गिर जाते हैं
पैर लड़खड़ाते हैं

ऐसे में
वह बढ़ाती है हाथ।

16

जब मृत्यु की भी मृत्यु हो जाएगी
जीवन क्या करेगा?

पीठ पर अन्तहीन थकान लिये
ज़िन्दगी कहाँ जाएगी।

17

होती है बारिश
धूप रचती है कथा

बीज
हटाकर अपनी राख
अचरज से देखता है

यह सृष्टि जैसे उसी के लिए खिली है।

18

नश्वरता की लम्बी नदी में
एक दिन मिल जाते हैं हम

पूर्वजों से।

19

आँसुओं ने लिखी थी कथा
गीली है अभी

महक रहे हैं
फूलों से लिखी पंक्तियों के पराग

अध्याय अन्तिम है

कुछ वाक्य बदलने थे
प्रूफ़ की ग़लतियाँ बेशुमार

पूर्ण विराम की प्रतीक्षा में है आख़िरी वाक्य।

20

मुरझाए फूल हैं
कुछ सूखे शब्द

परिजन लौट चुके हैं दिनचर्या में।

21

धीरे-धीरे
जीवन के सफ़ेद-स्याह धुँधले पड़ते जाते हैं

भव्य उदास
यह रंग सिर्फ़ उसके पास है।

22

कन्धे झुकाए आते हैं लोग
भर जाता है घर स्मृतियों से

आँसुओं के निष्कलुष तारे
रुदन की रात में चमकते हैं

कुछ दिन रहती है नश्वरता की उदात्तता।

23

मृत्यु के बाद
अहम् की राख बचती है
घृणा की जली टहनियाँ

प्रभुता के द्वीप ढह जाते हैं
बहा ले जाती हैं नदियाँ शत्रुता को

अनुपस्थिति को ढँक लेते हैं झरते पुष्प।

24

मन डूबता उतराता है
अपकर्मों के पन्ने खुलते हैं
कोई बाँचता है इन्हें

छलकता है छल का उष्ण जल

किसी मोड़ पर कायरता की पीठ दिखती है
घात का रक्त फूटता है हथेलियों से

देह बिलखती है मृत्यु के लिए।

25

भेजा उसने मुरझाया फूल
पीले पत्ते
और बेजान तितली

भर गए सपने पतझर से
आवाज़ से गिरने लगी रेत

हाथों से नदी छूटकर गिरी और सूख गई
आँखों से गिरकर बिखर गई रौशनी

एक सुबह उठा
और भूल गया अपना नाम।

26

बनारस में शव आते हैं

मगहर में रह जाती है
मृत्यु।

27

अन्त की ओर मुख किये
अशक्त देह

मुक्त हुई यातना से।

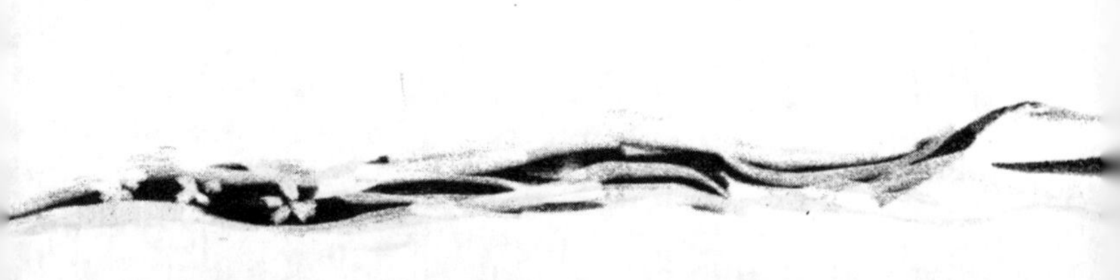

28

मृत्युपथ पर
मुरझाए पुष्प बिखरे हैं

सत्य के समवेत उद्घोष के पीछे-पीछे
चला जा रहा है विच्छिन्न जीवन।

29

न प्यास न भूख
न धन न मद
न प्रतिष्ठा न मान
न आसक्ति की कोई शिला

खो रहा है अनन्त में एक तारा।

30

चढ़ता हूँ उतरता हूँ
गिरता हूँ उठता हूँ
यात्रा ख़त्म नहीं होती

दरख़्त का आख़िरी पत्ता भी
पीला पड़ गया है
झुक गया हूँ ख़ुद पर

वह
अपने कन्धे पर मेरा सलीब रखती है।

31

जीवन की वैतरणी लम्बी है
गहरी
काई लगी फिसलती सीढ़ियाँ किनारों की
कील काँटे दुर्निवार जाल
भँवर और थपेड़े

उसका बढ़ा हाथ पकड़
पार करता हूँ इस नदी को।

32

इस कुएँ से रस्सी के सहारे
मैं बाहर निकला

जिसे लटका रखा था मृत्यु ने।

33

हँसी हँसती नहीं
रुदन में नहीं बहते आँसू
क्रोध में हैं मुद्राएँ
घृणा भीगी है अवसर में

एक प्रेत भटक रहा है।

34

पुष्प तोड़ते हुए
मेरा मन काँप रहा है उसकी पंखुड़ियों की तरह

उस पर गिरी हुई ओस है
सूर्य अभी उसे देखता
उसे मनाते भ्रमर

उसकी तितलियाँ उसे तलाश रही हैं
उसे मिलना था अपनी ही तरह कोमल किसी से।

35

उसकी विस्मृति उसका स्थगन नहीं
युधिष्ठिर उत्तर देने के बाद श्वान के साथ
यात्रा पर निकल चुके हैं

यक्ष का विस्मय अभी वहीं ठिठका है

नचिकेता की जिज्ञासाओं का
अभी शमन नहीं हुआ

वह वरदान की तरह फलित हुई है
जीवन के दलदल में धँसे सिसीफ़स से कहता है
अल्बैर कामू।

36

हर्जाना भर चुका हूँ
देनदारियाँ चुका दी गई हैं

जाने का समय निकट है
विदा का क्षण

क्षमा कर देना
मेरी भूल-ग़लतियों को

पत्ते पर रखी काँपती रौशनी
विसर्जित होती है अब लहरों पर।

37

रौशनी के सिरे धरा है अँधेरे का लिबास

फूल की क़ब्र पर हरे पत्तों के ज़ख़्म हैं
दिन का उजाड़ है
अभिनय में छिपा है नेपथ्य का यथार्थ

रोज़ उदासी को ब्लेड से कतरता हूँ

कुछ दुखों का उपचार नहीं
मध्यान्तर भी नहीं।

38

माँ को अकेले में बात करते देखा है उससे
अभी पोते का मुंडन बाक़ी है
छोटी की गृहस्थी अभी जमी नहीं

लौटा देती थीं दरवाज़े से उसे

जो स्त्रियाँ मरती हैं
उन्हें मृत्यु नहीं
जीवन मारता है।

39

अन्त में
कबीर ने इकट्ठे किये ढीले पड़ गए सूत

करघे पर चढ़ाकर
आख़िरी बार बुनी चादर बेदाग़
न हुकुम न हुजूरी

स्त्रियों ने शुरू किया मंगलाचार

दसों दिशाओं ने देखा
कुम्भ के जल को जल में गिरते

कबीर बदल गए थे फूल में।

40

पुल से गुज़रता हूँ
नदी को देखता हूँ
जो ले गई थी पिता को

आँखें बन्द करता हूँ
उनका होना दिखता है
उस होने में मैं

प्रणाम करता हूँ
पिता को
नदी को

प्रतीक्षारत मृत्यु को।

41

तमसा नदी के तट पर क्रौंच मरा
और एक कवि जीवित हुआ

विजय का भार जब असह्य हो गया
राम उतर गए सरयू में

अनश्वरता से उद्विग्न
कृष्ण ने चुने अपने तलवे के लिए नुकीले बाण
हत्याओं का महा सिलसिला कहीं तो रुके

बुद्ध ने स्वागत किया यह कहते हुए मृत्यु का
मैं एक टूटा छकड़ा हूँ जिसे बाँस के टुकड़े जोड़कर
बस चलाया जा रहा है

कुकुत्था और हिरण्यवती नदी पार कर
कुसिनारा में मृत्यु से मिले
बुद्ध
जैसे ज्ञान से मिलता है शील

जहाँ वर्षों बाद पैदा हुए
अज्ञेय

और यह कवि।

42

जो मृत्यु को पुकारते हैं
मृत्यु को नहीं पुकारते

यह जीवन का रुदन है।

43

जैसे पीले पत्ते गिरते हैं
जैसे पुष्प कुम्हला जाते हैं
जैसे घास सूखती है

देह थककर बैठ जाती है
एक दिन अपनी ही गोद में।

44

वह सपने में आती है
ख़यालों में

बात-बात में उसका नाम आता है
जैसे उसके साथ कहीं जाना हो

रति के लिए निकली अभिसारिका है?

कई बार सिरहाने खड़ी मिलती है
निहारती हुई।

45

जीवन
मृत्यु से भी दूर चला गया है

अपने काल के पास।

46

मैं टूटा आदमी हूँ
कभी भी बिखर सकता हूँ

मृत्यु
मुझे थाम लेगी।

47

जो अकेले आया था
जाते हुए घिरा है अपनों से

मरणाभिमुख
अब उसे क्या चाहिए?

48

कामनाओं के निर्वात में
लेटी है देह

नश्वरता की उठ रही है धुन्ध।

49

बच्चे उठ-उठ
तुम्हारे कमरे जाते हैं

आई अभी
चौंककर उठती है पत्नी

ज़रा उनसे बात कराइए
तुम्हारे नम्बर पर आती हैं आवाज़ें

यह रात बहुत लम्बी है।

50

किसने बन्द कर दी बीच में यह किताब
कथा अभी अधूरी है
प्रतीक्षा में है प्रेम

बाग़ फलों से महक रहे हैं
वह जो गया है नदी की तरफ़

कब लौटेगा?

51

न लिखे पत्रों की ख़ाली जगह ले जाऊँगा
न स्वीकार किये पापों का बोझ
पश्चात्ताप के स्वीकृति पत्र रख लिये हैं

अनजान पर भरोसे का सिन्दूर
रख देना मेरे माथे।

52

सब कुछ सिमट जाने की धूल
मुझसे नहीं उठती।

53

वह प्रतीक्षा करती है

जब सब अकारथ हो जाता है
सब चले जाते हैं उठ-उठकर
जब पुतलियों के उठने की इच्छा भी मर जाती है

उन्हें ढक देती है
अपनी करुणा से वह।

54

मैंने सूरज को उम्मीद से देखा
वह साँझ में डूब गया

मैंने चन्द्रमा की धवलता पर विश्वास किया
अमावस्या के अनन्त में वह गुम हो गया

मैंने पहाड़ पर चढ़ना शुरू किया
वहाँ ऊँचाई का चुभता अकेलापन था

मैं बहता रहा नदी में
और वह समुद्र में समा गई
मैं चलता रहा और रास्ते खो गए
एक सुरक्षित घर ने
असुरक्षा का मेरा साहस तोड़ दिया

चलते-चलते मैं जहाँ पहुँचा
एक पत्ते का गिरना ज़रा-सा अटका था
न जाने किसके भरोसे।

55

वह नहीं चाहता है उसकी उपलब्धियों से
भर दी जाए शोकसभा की यह शाम
विवरणों से ऊब जाएँ परिजन

उपकारों के ज़िक्र से लज्जित न किया जाए उसे आज।

56

कुछ दिनों तक आती रहेंगी चिट्ठियाँ
तुम्हारे नाम की।

57

कुछ किरणें आने में वक़्त लेती हैं
वक़्त बदल जाता है

रिक्त स्थान भरे जा चुके हैं विकल्पों से
उत्तर-पुस्तिकाएँ जमा हो चुकी हैं

जाती हुई पीठ दिखती है
और स्टेशन से सरकती ट्रेन।

58

रास्ते पर धुन्ध है
भौंहों पर अटका है बादल

वह भीगता फूल
तुम्हारी अनुपस्थिति में अभी-अभी खिला है।

59

जो बचे हैं
शव ढोते-ढोते झुक गए हैं उनके कन्धे।

60

भीगने की नमी
हरेपन की आहट
टहनी का कोंपल
क्या तुम्हारे आस-पास कोई फूल नहीं खिला था

सरपट दौड़ती गिलहरी
रुककर तुम्हें देखती बिल्ली
तुमसे लिपटता तुम्हारी गली का हिलमिल कुत्ता

क्या कोई रहस्य नहीं था
आकर्षण की अदृश्य रस्सी का सिरा
कोई सवाल अनसुलझा

किसी स्वाद पर अटकी तृष्णा

मिलने की कोई प्रतीक्षारत तारीख़

कोई तो होगा
जिसने तुम्हारे होने को उम्मीद से देखा होगा

किसी ने चुनी होगी तुम्हारे लिए कविता
लिखा होगा पत्र

तुमने टिमटिमाते तारों को भी नहीं देखा
चाँद को भी अनसुना कर दिया

कुछ पहर दूर सुबह उठने को थी
उगने को थी लालिमा

चमकता दिन तुम्हारी राह देख रहा था।

61

मासूम पैरों को जब तक आप चूमते
काँपते गिर जाते हैं बुज़ुर्ग
उन्हें मारने को धमाके की ज़रूरत नहीं

बदहवास पिता दे रहा है ख़ुदा का वास्ता
अब उठ भी जाओ देखो शाम घिर आई है
न ख़ुदा सुन रहा है न वह बच्चा

कुछ देर पहले यहाँ घर था
मुन्नी और उसकी गुड़िया
माँ पर गिर रही है रात और राख

बाबू को चुप करा रहा है भाई
उसके एक हाथ पर गहरा ज़ख़्म है

उससे भी छोटा उधर बिलख रहा है
उसके रोने से पहला चुप हो गया है

दौड़ता आता है एक
उसकी एक आँख में कील पड़ी है

जिन्हें छूने से भी डर लगता
वे पंखुड़ियाँ रेत और ईंटों के पहाड़ में दब गई हैं

मलबे से निकल रहे हैं फूल जैसे बच्चे।

62

एक तितली अपने परों पर पूर्वजों के रंग लिये
उड़ रही है
एक फूल में हँसती हैं उसकी जड़ें

एक फल के स्वाद में
असंख्य मृतकों की खाद है

अपनी बची रह गई रौशनी में
टिमटिमा रहा है एक तारा

गुनगुनाता हुआ एक युवा अभी गया है
कंठ में उसके घराने की आवाज़ है

यह जो समाधि-लेख है

उसकी लिपि में अगणित विलुप्त अक्षर हैं

यह जो शव है उसके नीचे भी शव हैं।

63

तुम्हें छुआ वसन्त ने
बारिश ने भर दिया
पक्षियों ने बोलना सिखाया
पशुओं ने जीना
नदियों ने शीतलता दी
पहाड़ों ने हौसला

तुम्हारी गति में
पृथ्वी के घूर्णन की महीन आवाज़ शामिल है
तुम्हें सूरज देखता रहा
चन्द्रमा निहारता रहा

तुमने बजाई सुरीली धुन
सँवारे किसी स्त्री के लम्बे केश

कामना से दहकने लगी तुम्हारी देह
रात का पिघलना तुमने देखा
और अपने घाव

दिन ने हर दिन लिखी
तुम्हारी कथा

तुम्हारी यह किताब यहाँ रह जाएगी।

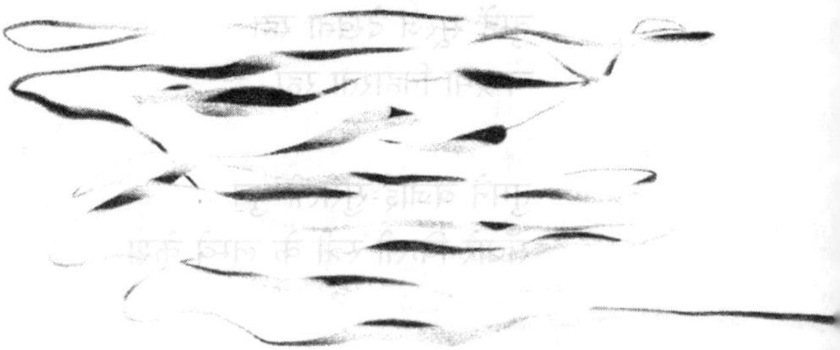

64

वृक्ष मुक्त हुए फलों से
लताएँ मुक्त हुईं पुष्पों से

हिरनी मुक्त हुई प्यास से
व्याघ्र मुक्त हुआ आखेट से

चिड़िया परों के बोझ से मुक्त हुई
मछली मुक्त हुई पानी की धार से

मैं मुक्त हुआ आयु के भार से।

65

सच के हाज़िरी-रजिस्टर से अनुपस्थित रहा
मशालें जब जलीं ओट में था
नगाड़े जब बजे उसकी गूँज में छुप गया
जुलूस में मुखौटे के पीछे-पीछे चल रहा था

उलझ रहे थे जब लोग
मैं समझौते का प्रारूप था

छानबीन के बीच मैंने संस्कृति का नया लिबास
पहन लिया
मेरे जेब में मिले खेदपत्र।

66

अलमारी भरी किताबों के शीर्षक मुझे सन्दिग्ध
बनाते थे
असहमतियाँ मित्रविहीन

गलियों से भीड़ गुज़र रही थी
मैंने भय से घर को देखा

कम से कम एक राष्ट्रध्वज तो होना ही चाहिए।

67

श्मशान हूँ
सदी की जली लकड़ियाँ बिखरी हैं
संस्कृति की काली पताकाएँ

नागरिकता की अस्थियाँ चुनी जा चुकीं
इतिहास के धुएँ से भर गया है वर्तमान
संयम के अस्तबल से बाहर निकल चुकी हैं आस्थाएँ

स्वतंत्रता की नदी सूख रही है
विवेक और विचार के टूटे मृद्भाँड़ पड़े हैं

मध्यवर्ग की दलदली ज़मीन पर आन्दोलनों की क़ब्र है
उपनिवेशों के ज़िन्दा प्रेत डोल रहे हैं।

68

राह चलते कुचल दिया जाऊँ
मार दिया जाऊँ सोचते हुए

लगा दूँ अपनी ही फ़सल को आग और जल मरूँ
बे-काम कहीं गिरा मिलूँ
पहले मुरझाऊँ फिर बिखरा मिलूँ

बाग़ी बनूँ और हो जाऊँ लापता
डूब मरूँ पहले शर्म से फिर पानी में

मेरी जेब से अगर मिलती है आत्महत्या की परची

इसे मेरी हत्या समझना
मृत्यु नहीं।

69

जब तक प्रमाण-पत्र
सक्षम अधिकारियों द्वारा जारी नहीं हो जाता

मृत्यु सन्दिग्ध मानी जाएगी।

70

असहमतियों को कोई गहरा करेगा
मेरी अधूरी कविता किसी को पढ़ेगी।

71

तुम्हारे ग़ुस्से से डरने का स्वाँग रचेंगे
तुम वाचन करो अपनी प्रिय कविता का
इस बार अनसुना नहीं करेंगे

यह लो घड़ी
भर दिया है समय

तुम्हारी तरह चुप्पा निकल आएगा हमारे बीच से ही कोई
राह चलता कोई याद दिलाएगा तुम्हारी

तुम्हें कैसे भूल पाएँगे पिता!

72

भूल गया हूँ रंगों की प्यास
रेखाओं का स्वाद
नहीं आवाज़ देते अब शब्द
सिरहाने की नींद रात-भर जगी रहती है

मेरा चेहरा तुम्हारी प्रतिकृति है

तुम्हारे बिना
इसी सूखे सरोवर में रहता हूँ।

73

धीरे-धीरे शिल्प झरेगा
धुँधले पड़ जाएँगे शब्द
उड़ जाएँगे चित्रों के रंग
बिखर जाएगा संगीत

सपनों से
फिर स्मृतियों से भी चला जाऊँगा

मेरी ख़ाली जगह
धीरे-धीरे भर जाएगी।

74

एक झुके आदमी के साथ मैंने उसे देखा
एक टूटी स्त्री को वह दे रही थी हिम्मत
सड़क पार करते बच्चे की उँगली पकड़ उसने कहा
बचो

भूख से विदीर्ण व्याघ्र की सतर्कता थी
उससे बचते शावक की छलाँग

रेत के अछोर में उसे पानी के आसपास देखा गया
हिम-रात में सुना रही थी कथा

मछलियों को जाल से बचा रही थी
मछुआरे के पास उन्हें बुला रही थी।

75

वह ले जाएगी मेरा सौन्दर्य
सामर्थ्य
स्मृतियाँ

मैं सुन नहीं पाऊँगा तुम्हारी आहट

मैं नहीं कर पाऊँगा तुम्हारा श्रृंगार
आह! नहीं कर पाऊँगा तुम्हें प्यार।

76

अन्याय की मृत्यु कब होगी
हिंसा का आख़िरी दिन इस धरती पर कब आएगा
हत्यारे कब विलुप्त होंगे
कट्टरता की किताब के कितने पुनर्मुद्रण होंगे
तानाशाह कब तक अपने को अद्यतन करते रहेंगे

मछलियों को कब मिलेगी पानी की नागरिकता
पशुओं को जंगल की
पक्षियों को आकाश की

कौन-सा होगा बुरे दिनों का अन्तिम दिन।

77

मुझे ज़रूरत भर ही लेनी थीं सूखी टहनियाँ

हवा में कालिख है
तट भरे हैं मरी मछलियों से
पहाड़ों को मैं तोड़ता ही रहा

अग्नि मुझे क्षमा करना
मैली है मेरी चादर।

78

जिन नदियों को हमने पार किया
उनका जल नहीं सूखेगा
प्यार मुरझाएगा नहीं
तुम्हारी धूप मलिन नहीं होगी कभी

पककर टपक गए आम की गुठली से
देखो

झाँक रही हैं पत्तियाँ।

79

पतझड़ पत्ते गिराता है
वसन्त बिछ जाता है

हवा हटाती है क़ब्र के पुराने फूल।

80

हाहाकार थम गया है
रुदन मद्धिम
चिता ठंडी पड़ रही है
पुष्पों को कर दो विसर्जित

नदी से बाहर निकल रहे हैं परिजन
वे थके हैं अन्न दो जल दो

उन्हें जीवन में लौटने का रास्ता दो।

81

उसमें गेंदें उझल रही हैं
उड़ रही हैं पतंगें
साइकिल की चेन चढ़ाते
ग्रीस उसके हाथों से चेहरे पर चली आई है

दोपहरी की लू में
आम के टिकोरों पर गुलेल के निशान हैं
जेब में नमक और चाक़ू

रेडियो की टूटी ध्वनियाँ कस रहा है
रातों में तारों की कथाएँ चमक रही हैं

गन्तव्य से पहले गुम हुए प्रेमपत्र हैं
लौटाया हुआ एक थरथराता पन्ना है

सूनी गली में एक लड़की कहती है उससे
'मैं तुम्हें नहीं जानती'

सुलझाते-सुलझाते टूट गए ऊन के धागे हैं

सुबह से शाम को जाती टूटी सड़क है
गिरने झुकने सहने चुप रह जाने के तीखे मोड़ हैं
उसकी पीठ दिखती है बार-बार

उसका होना कई जगह से घिस गया है
एकालाप सुनाई नहीं पड़ता

फ़िल्म ख़त्म होने को है
वह ढूँढ़ता है निर्देशक का नाम!

82

रिस-रिसकर पिघलते हुए
डूब गया हूँ अँधेरे में

मुझे कौन आकार देगा?

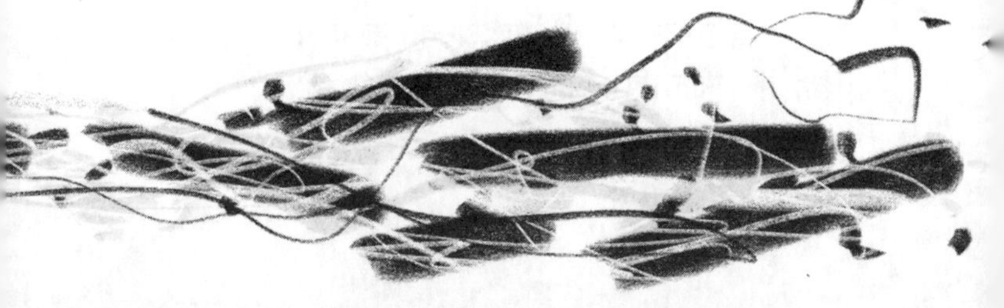

83

यहीं मिला
पिता के न रहने का अधूरापन

काँपते फूल इसी पर झरे
'तुम ठीक तो हो' की थरथराती कामना यहीं पुष्पित हुई

रातों में झिलमिलाता
हिलता पुल था इसी नदी पर

दोस्ती की चहकती चिड़ियाँ बैठ जातीं कभी

समय की मलिनता खुरचते शब्द थे
मीनमेख निकालता लगाव

कुछ आवाज़ें अनसुनी रही
कुछ पुकारें व्यर्थ हुईं

इसकी मियाद भी अब ख़त्म होने को है
यह नम्बर अब उपलब्ध नहीं रहेगा।

84

बस्तियों में सूखी नदियाँ हैं
प्रजातियाँ पत्थरों में
संस्कृति दूसरी संस्कृति में
सीलन में शताब्दियों का नमक

विस्मृति में हैं स्मारक।

85

सन्दिग्ध की प्रामाणिकता के वृन्दगान का
टूटा स्वर हूँ

सहमति का उखड़ा राग

कुटिलता का तिलक पोंछ दिया है मैंने
अभ्यर्थना में नहीं जुड़े हैं हाथ

कैसे खड़ा हो सकता था उस ध्वजा के नीचे
जो रक्त से भरी ज़मीन पर फहरा रही थी

मैं नश्वर
नहीं मरा
मृत्यु से पहले।

86

वृक्ष हरे पत्तों की चहचहाहट में छिप गया है
और उस पर अटका सूरज गिरने को है
एक बछड़ा रगड़ रहा है अपनी देह

चरवाहा लौट रहा है
उड़ रही है जीवन की धूल।

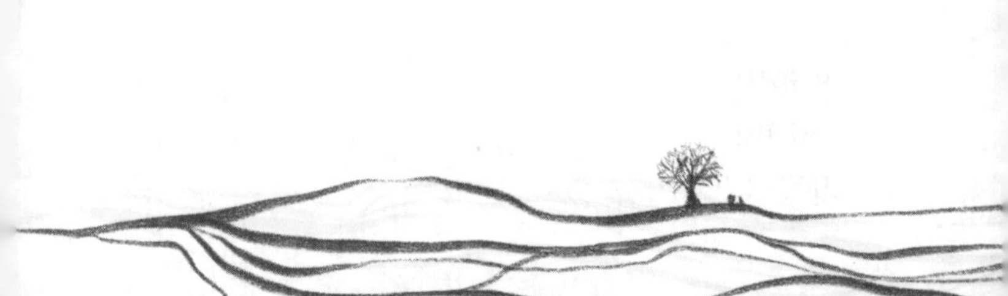

87

पहाड़ रहें हिमाच्छादित
रेत का रथ धँसा रहे वहीं

पक्षियों के कलरव में शामिल हो जाएँ कुछ और कंठ
धरती की दूब रहे हरी

बह जाए जल का दुख
मेरे ही साथ।

88

यह किसका राज्य है
मंगल-ध्वनियाँ किसके लिए

कुरूपता को ढँका जा रहा है श्रृंगार से
अन्याय को तुरही की आवाज़ से
निराश्रित को चमकते दृश्यों से

ये दीये
किसकी अगवानी में जले हैं?

89

देवता मारते हैं
धर्मग्रन्थ हत्या करना चाहते हैं
भालों पर लगी ये ध्वजाएँ पीछा कर रही हैं
मुझे राजपुरोहितों से बचाओ

मैं भागता रहता हूँ अनुसरण से
आस्था का एक छुरा है मेरे नाम का।

90

उसकी दुनिया खुली थी
ले आया घर
चमकती आँखों से निहारते एक खरगोश के
वे कैसे दिन थे!

दोस्तों को उसकी यातना दिखाता
वे करतब समझते

एक दिन काँच का टुकड़ा उसे चुभ गया

वह टुकड़ा मेरी आँखों में चुभता रहता है
रहती हैं लाल।

91

सुलाकर गोद का प्यार
लालटेन की उदास रौशनी में
लौटते कवि की बीड़ी से
उठ रहा है धुआँ

और
उसके पीछे चलता वह अकेला तारा।

92

कुछ मंत्र हैं और चरवाहे
नदियाँ और सूर्योदय
कथाएँ और घने अरण्य

मेरे अन्दर विश्वयुद्धों की राख दबी है

स्वाधीनता की सूत से काती सादगी
और
पितृहत्या का एक भारी पत्थर है।

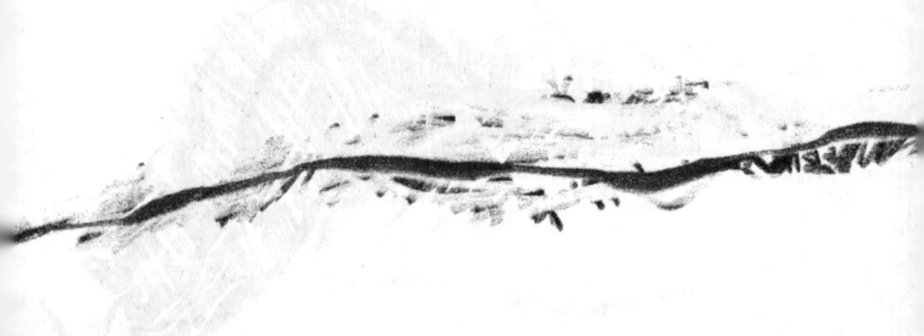

93

चोट के निशान हैं इस पर
उम्र की छाँह
तुरपाई कहीं-कहीं से उधड़ गई है

किस धागे से बुनी गई है यह चादर?

94

घर में मुअज्जम आते
दादी हिल-मिलकर बतियातीं

शीशे का गिलास उनका अलग था
वह अपना होना पोंछकर चले जाते

पितामह की चिता ठंडी होने तक
वह अकेले ही थे अस्थिशेष के पास

वह गिलास मैंने तोड़ दी थी
कुछ दिनों घर में उसकी टूटी किरचें चुभती रहीं
एक दिन माँ ने उन्हें बुहारकर बाहर फेंक दिया

कभी-कभी सपने में आते हैं मुअज्जम चच्चा
टूटी आवाज़ आती रहती है

कैसे हो बेटा!

95

सभी गर्वोक्तियाँ गिर गई हैं
और करुणा

मृत्यु के पास बची है।

96

उड़ रही हैं पतंगें

जा रहा हूँ छोड़कर आकाश।

97

गाँठें खुलने लगी हैं

एक गोला आग का
एक हवा
एक जल
एक मिट्टी
और
एक आकाश का

भरभराकर
गिर गया है घर।

98

पृथ्वी अपनी धुरी पर झुकी हुई कहाँ तक भागती रहेगी
कब तक दूसरे के प्रकाश से चमकेगा चन्द्रमा

सूर्य धीरे-धीरे अँधेरे की तरफ़ बढ़ रहा है
अनन्त का भी भँवर है।

99

नदी ने तट को भुरभुरा कर दिया है

वह उसी में भहर जाता है।

100

मैं नहीं रहूँगा
तुम नहीं रहोगे

सृष्टि रहे।

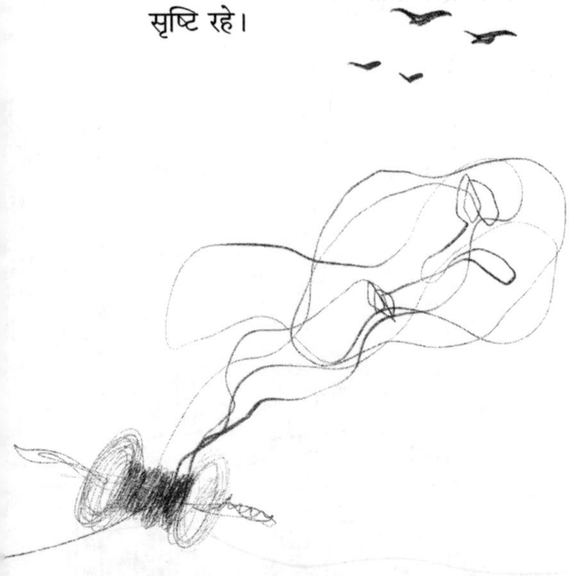

उत्तर-कथन

जिसकी छाया में हम अपना जीवन गुज़ारते हैं, जो हमें सोते-जागते चेताती रहती है, जिससे विमुख होकर ही हम जीवन का रस खींच पाते हैं, उस अवश्यम्भावी मृत्यु-छाया के विषय में अरुण देव की ऐसी उत्कट कविताएँ जैसे कोई ज़रूरी हस्तक्षेप करती हैं, रास्ता रोकती हैं, एक आईना दिखाती हैं जिसके समक्ष पाठक है तो मगर उसकी छवि ग़ायब है। संसार के भंगुर होते रहने की प्रक्रिया को कोई कविता ऐसी बारीकी से छू सकती है, सुखद आश्चर्य होता है। कभी जान पड़ता है, यह निजी स्पेस की कविताएँ हैं, फिर दूसरे ही क्षण वे सार्वजनिक जीवन की हैं, राजनीतिक क्षोभ की। हम कितनी बार, किस-किस तरह से रोज़ मरते हैं, उसकी बानगी भी। इस मरने में भी सांस्कृतिक स्मृति है, जैसे हमारे जीने में, इसे रेखांकित करतीं ये कविताएँ अनन्य हैं।

बेशक इनमें मृत्यु-छाया है, जीवन से विदा लेने के क्षण हैं, स्थितियाँ हैं, मगर ये गहरे जुड़ाव और जिजीविषा की कविताएँ हैं। इनमें पका हुआ फल जो टपकने को है, अभी डाल से मज़बूती से जुड़ा हुआ है, उसमें भरपूर सुगन्ध और मिठास है, उसे काल की सड़न ने अभी छुआ नहीं है। यहाँ कवि-कथन के बावजूद मृत्यु आसन्न नहीं है, मृत्यु की चेतना से प्रभासित विज़डम है। विज़डम जो चित्त का परिष्कार करती है, जो अगले जीवन-पड़ाव तक संग जाती है। यदि एक कवि इतना सब कर लेता है, जैसे अरुण देव करते हैं, आपके भीतर जीवन की प्यास जगा देता है और मृत्यु के आईने में आपकी लुप्त छवि दिखा देता है, तो उसने निश्चित ही बड़ा काम किया है। वह बड़ा कवि है।

—गगन गिल

प्रख्यात कवि

साथ जुड़ें साथ पढ़ें